AF336794

DE LA PÉNINSULE,

FAISANT SUITE

A LA POLITIQUE

ROYALISTE.

« Il était imprudent de publier dans les provinces, que la France et l'Espagne devaient déclarer la guerre au Portugal, que toutes les puissances etaient d'accord pour le renversement de la Charte, que Don Miguel prendrait le commandement des troupes royales : on voit maintenant le mauvais effet que produit sur les Portugais une semblable déception. »
(*Écho du Midi*, dans l'Etoile du 23 janvier.)

PARIS,

A. PIHAN DELAFOREST,

IMPRIMEUR DE M. LE DAUPHIN ET DE LA COUR DE CASSATION,

rue des Noyers, n° 37.

1827.

Le Fanatisme anti-catholique ;

La Politique Royaliste à l'égard de la Péninsule;

Des Journaux à l'occasion du projet de loi sur la Presse ;

Deux suites de ladite brochure.

« Malheureusement, la moralité politique d'un grand nombre des nations du Continent n'est pas de l'ordre le plus élevé ; la fin est communément regardée comme le premier objet, il est rare que les moyens soit pesés avec scrupule. » (*Courrier*, du 5 mars.)

Téméraires au dedans en faisant usage de la force fugitive qui se rencontre sous leur main, pour comprimer l'indomptable opinion dont la réaction doit la tourner contre eux ; pusillanimes au dehors, en n'osant jamais ouvrir et soutenir des négociations qui pourraient amener à faire usage de la force, les gouvernemens européens se refusent également, aux conseils de la prudence, à l'appel de la justice.

Louvoyer, temporiser, répugner à jeter dans la balance des évènemens le poids de sa volonté, compter sur le sort pour sa bonne fortune et sur son art contre la mauvaise ; telle est la politique accoutumée des cabinets. S'agit-il de la Grèce ? il faudra que le sang ait coulé en torrens redoublés, avant qu'une goutte d'encre s'échappe de la plume compatissante. S'agit-il de l'Amérique ? le temps vole plus vite, et tandis que les trésors sont dilapidés, sous prétexte de raffermir le sceptre de Ferdinand, la tentation du plus modique lucre engage à marquer du dernier sceau, la ruine de son empire.

A l'égard du Portugal, voyez l'Espagne, voyez l'Autriche : que font-elles ? l'une en avançant ses troupes, en offrant un refuge, en prêtant des armes; l'autre en retenant le prince, en lui soufflant des démarches ambiguës ? Elles attendent l'issue, prêtes à renier l'alliance ou à profiter du triomphe.

Mais l'Espagne ne veut, l'Autriche ne peut, qu'autant qu'il est permis par la France : c'est le cabinet de France en qui réside la puissance efficace, sur qui pèse la responsabilité; c'est ce cabinet que le devoir, l'honneur, l'intérêt, obligeaient à résoudre la question, en se ralliant sans s'asservir, au cabinet d'Angleterre.

Et la France louvoie aussi, temporise aussi, révoquant un ambassadeur sans y donner suite, retirant en façon de menace quelques régimens, appelant les insurgés, tantôt d'un noble titre, tantôt d'un nom odieux, tolérant au moins l'aide clandestine et les vœux ostensibles de l'Espagne.

L'Angleterre seule se montre, se meut. Pour cette fois, elle ne sera pas accusée de trahison, de perfidie : juste ou injuste, sa conduite est ouverte, est prononcée, est décisive; et même ses paroles trop crues ont dû choquer l'oreille des femmelettes, des damoiseaux politiques, ont dû contraindre un orateur à reprocher *à ce ministre qui fut son honorable ami*, d'avoir dépassé en 1826, *les outrages adressés au nom Français, en 1823*, d'avoir prononcé à une tribune publique, *des aveux aussi dédaigneux, des malédictions aussi franches* : choses dont ne se doutait nullement le pauvre M. Canning, et que son discours ne révèle qu'à ceux qui le lisent à rebours.

Cependant le sang ruisselle, le sol fume, et le présent est gros d'un avenir encore plus désastreux. Les haines ont été semées; il y aura des récoltes interminables de vengeance. Chez ce peuple qui tient du Maure, les cœurs ne se purgent point de l'aversion, les esprits ne se lavent point de la défiance. Il est empoisonné pour des siècles.

Les insurgés sont vaincus, dit-on, mais ils ne sont pas domptés ; ils sont exaspérés plutôt : si les enseignes ont été rejetées au delà des frontières, les passions refoulées pour l'instant, menacent d'une épouvantable explosion. Sous le coup de la force, sous le poids de la nécessité, la tête fléchit, le cœur se soulève.

Sont-ils vaincus? malheur à eux! la guerre civile ne pardonne pas. Et quelles sont les victimes? sauf quelques ambitions, c'est la foi religieuse, l'amour monarchique, l'instinct de famille, tout ce qui compose le noyau d'un peuple simple, tout ce qui constitue le sol moral du pays : trop purs, trop vifs sentimens, qui savent rarement se garantir de leurs propres illusions et moins encore des déceptions étrangères : qui souvent, induits par de fausses lueurs, se laissent entraîner hors des sentiers du devoir.

Malheur aux vaincus! la lutte fut incertaine, l'anxiété fut extrême : les ressentimens de la peur ne sont jamais assouvis.

Déja le cabinet de la régence et le scrutin des élections, ont rappelé aux fonctions publiques un grand nombre des artisans de la dernière révolution : mesures indignes autant qu'insensées, car l'homme plutôt que la chose repousse l'opinion, et l'étendard révolutionnaire a voilé la bannière légale. La victoire ira plus loin; elle enfle les vanités, elle exagère les vœux, en même temps qu'elle lègue des soupçons, des reproches. Le sceptre est prêt à passer aux mains des forcenés : ce fut la campagne des Prussiens.

Dès l'aurore du nouvel ordre de choses, le Portugal

aussi avancé que la France, après quatre années de troubles, tombe en proie à un pouvoir sans contrôle, sans limite; car la douleur, la honte, l'épouvante ne font point obstacle.

Qu'on ne parle plus des vaincus! les proscriptions, les confiscations, la mort peut-être, en auront fait justice à la manière de Robespierre.

Mais il existe une noblesse, un clergé, l'une soupçonnée, l'autre convaincu d'avoir prêté aide ou porté intérêt à la levée de boucliers. Qu'attendent-ils? une occasion propice; que prétendent-ils? le rétablissement de l'ordre ancien; d'avance, les nobles, les prêtres seront traités en ennemis.

Qu'on ne parle plus de hiérarchie civile et religieuse! qu'on ne parle plus de mœurs, de vertus! Dans la tourmente révolutionnaire, l'être moral de l'État se perd corps et biens. Voilà un peuple qui, franchissant d'un seul saut les phases intermédiaires de la civilisation, passe soudainement avant l'époque de l'adolescence, au terme de la décrépitude.

Et ce ne sera point comme en Espagne, où la puissance des Cortès jaillie d'une source illégitime, se contint du moins dans son cours : là, tout se soumit d'abord; point de complots, point de périls n'excitèrent les défiances, les vengeances; l'amour de la liberté, s'il y dominait réellement, ne dégénéra point en une passion farouche.

Mais en Portugal, il y aura fureur, frénésie, rage; c'est 1793 qui succèdera à 1789 : on n'écoutera ni le devoir ni l'intérêt; on voudra propager les doctrines, inoculer les sentimens, conquérir l'Espagne au culte nouveau. Et telle est l'anarchie de l'Espagne, que l'immensité des opinions royalistes menace du massacre, les libéraux paisibles, n'oppose point de défense aux libéraux armés. Ce pays n'y peut tenir.

Or, contre une invasion combinée, contre des insurrections suscitées, l'honneur qui fut mal entendu peut-être, quant à la guerre d'Espagne, maintenant est engagé, est lié : l'honneur ne recule pas, se fût-il avancé à tort.

L'heure a sonné : il faut se prononcer, il faut se mouvoir. Quoi qu'on fasse, on arrivera trop tard pour protéger le parti vaincu contre les persécutions; assez tôt seulement pour préserver le vainqueur d'une réaction également affreuse; assez tôt pour garantir le repos de l'Espagne, pour sauver l'honneur de la France.

Le plan de conduite a été développé, il y a près de trois mois. Combien de sang eût été épargné, s'il se fût rencontré quelque esprit juste pour le saisir, quelque forte tête pour l'exécuter? Les droites pensées viennent de l'ame et vont à l'ame; ici, l'ame manquait.

Une politique cauteleuse, fallacieuse a prévalu. Par un accord peut-être tacite, l'Espagne appuyait les insurgés et la France approuvait l'Espagne, et l'Autriche applaudissait la France : l'Angleterre seule devait être trompée. Mais à trompeur, trompeur et demi; l'Angleterre a feint de porter foi aux vaines paroles, se promettant bien de tromper des espoirs sournois, par ses démarches éclatantes.

Enfin voudra-t-on entendre?

Le Portugal, c'est l'Angleterre; l'Espagne, c'est la France : restent-ils dans l'Etat de trouble, l'Europe perd le repos; passent-ils à l'état de guerre, l'Europe court aux armes.

EXTRAITS

DE LA POLITIQUE ROYALISTE.

———

La charte de don Pèdre est entachée de trois vices accidentels, sans parler de ses défauts substantiels : elle tombe à l'improviste sur la tête d'un peuple, après qu'une tentative analogue a été repoussée avec horreur, avant que de longs déchiremens aient généralisé le besoin de la paix : elle est émanée d'un prince assis sur un trône étranger, qui gouverne une colonie devenue une rivale, qui conçut ou du moins reconnut la scission la plus douloureuse : elle est accusée d'avoir été dictée par une puissance alliée et amie, mais non pas suzeraine, mais non pas analogue en religion, en habitudes, en mœurs. Ces auspices ne sont pas favorables...

C'est dans cet état de choses que l'insurrection et l'intervention, l'une issue du flanc des montagnes, l'autre jaillie du sein des mers, vont se rencontrer face à face sur les bords du Tage, vont transiger sur le champ de bataille, peut-être

sans aucun combat, ou après quelques escar-
mouches; et il importe peu quelle armée aura
remporté l'avantage, car en matière d'opinion,
la force tranche et ne dénoue pas, la force com-
prime et n'écrase pas.

Toutefois la lutte aura agité, aura effrayé, aura
avancé les esprits. Tant qu'un dessein se trame
dans la tête où toutes les facultés travaillent en sa
faveur, où nulle idée ne lui oppose résistance,
tout va bien. La fable du *Pot au lait* est l'histoire
de l'homme. Mais aussitôt qu'il est mis en exécu-
tion, une ère de chances alternatives s'ouvre, une
série d'espoirs et de craintes, de succès et d'é-
checs se développe : c'est la véritable éducation,
l'éducation des faits. Quel que soit le résultat, la
mémoire conserve quelques traces du passé, trans-
met quelques leçons à l'avenir.

L'occasion est unique. Comme il advient souvent dans le conflit embrouillé des évènemens politiques, la folie aura labouré et semé à ses frais
et risques, aura hâté la maturité des moissons, ne
laissant à la raison que la peine de récolter...

Or, quel beau rôle échoit à la France ! En Portugal, il s'agit surtout des intérêts de la religion
et du clergé, qu'elle seule peut comprendre,
qu'elle seule peut garantir; et l'Angleterre, avec
sa toute - puissance matérielle, est inhabile, est
inepte à régler ces points délicats, qui tiennent à

une conscience intime , dont les mouvemens lui sont tout-à-fait étrangers.

En même temps , il s'agit de fonder et de consolider en Espagne un ordre de choses , non pas identique , mais du moins analogue , un ordre de choses qui, sans s'astreindre à suivre les mêmes voies, tende et parvienne aux mêmes fins : car ces deux peuples, bien qu'alliés par les mœurs et isolés d'intérêts, sont ennemis de naissance , se haïssent au seul titre de voisins, réagissent l'un sur l'autre, toujours pour se nuire, jamais pour se servir. Et la France tient l'Espagne comme en tutelle , droit qui lui fut conféré par le pacte de famille, qui est renforcé par le fait de l'occupation , qui n'est que trop justifié par l'anarchie intérieure et la nullité politique du pays.

Ainsi on sortirait de cette position , devenue si ridicule et prête à devenir si périlleuse, dans laquelle notre armée, depuis plus de trois ans, tient garnison en Espagne , protégeant un parti contre ses frayeurs, un autre contre ses dangers, et n'acquérant en retour, des deux bords, que la haine et la défiance , ne méritant au cabinet de France ni la gratitude , ni la déférence ; enfin n'arrêtant point, au sein de la triste Espagne , les progrès de la discorde, de l'anarchie , de la misère , et n'y procurant à l'ordre social aucune amélioration, aucune fixité, qui sans doute

auraient été plus tôt obtenues par la moindre du_
rée de l'occupation, ou par un autre mode d'intervention...

M. Canning, ce radical, ce perturbateur, cet
Anglais, pour tout dire, qui outrage la France,
puisqu'il exalte son pays, qui n'aspire qu'à mettre
le feu aux quatre coins de l'Europe, puisqu'il
révèle les projets et les espoirs des incendiaires ;
M. Canning lui-même a posé et consacré les bases
sur lesquelles peut être fondée la pacification de
l'Espagne et du Portugal : voici ses paroles.

Quant au Portugal : « L'Angleterre n'a point
donné de conseil au sujet de la charte ; il n'est
point du devoir des ministres d'intervenir dans
les transactions intérieures de ce pays ou de tout
autre.... A l'égard de la charte, j'ai certaine-
ment une opinion formée ; mais, comme ministre
d'Angleterre, je dois dire seulement : Puisse le
Ciel faire prospérer cet essai (*attempt*) d'une
extension de liberté constitutionnelle, et puisse
la nation se montrer capable de la recevoir et de
la chérir ! »

Quant à l'Espagne : « Je suis persuadé qu'il
existe, dans la majorité du peuple espagnol, un

amour du pouvoir arbitraire, une préférence pour les gouvernemens absolus, une haine indomptable contre les institutions libres... C'est ma ferme croyance que la conséquence immédiate de la retraite des troupes françaises serait la mise en liberté d'un parti furieux, dont le parti plus faible en nombre serait la victime. »

M. Canning n'est donc point disposé ni à protéger la constitution du Portugal, ni à établir une constitution en Espagne ; car en se portant pour souteneur de la première, qu'il n'a point dictée et qu'il n'approuve pas, il craindrait trop que le peuple portugais ne lui prêtât pas son aide et n'en tirât aucun profit ; car, en se chargeant de l'invention d'une charte pour l'Espagne, qui ne pourrait ni affaiblir, ni asservir ce pays, il ne douterait pas que l'Angleterre fût forcée d'y entretenir une armée pour défendre le parti faible, pour dompter le parti nombreux.

Et M. Canning n'est parvenu à se former ainsi une opinion définitive sur ces deux royaumes qu'en observant les faits, en appréciant les données. M. Canning sait qu'en Portugal la répugnance ou l'insouciance, et en Espagne la haine indomptable *(inconquérable)* à l'égard des institutions libres, proviennent également de l'attachement à la religion, et plus encore de l'influence toute-puissante du clergé. M. Canning sait, comme l'Irlande le prouve évidemment, que le clergé catholique, étant plus en relation, plus en autorité vis à vis des individus, se trouve en état d'exercer une domination presque absolue, et que son ascendant demeure immuable au sein des peuplades dont les mœurs sont encore simples, ne devant s'affaiblir et s'évanouir que devant cet esprit de licence et de confusion, conséquence nécessaire des crises sociales, dont il est effrayé lui-même en Angleterre, bien loin d'être tenté de le souffler en d'autres États...

L'éloignement des lieux, l'ignorance des faits existans et des chances actuelles de chaque parti, permettent à peine d'esquisser les lignes essentielles et fondamentales de ce grand œuvre.

POUR LES DEUX ROYAUMES :

La religion catholique dominante ;
La liberté domestique des autres cultes ;
L'établissement légal de l'ordre du clergé ;
La restauration des anciennes Cortès ;
Trois ordres : le clergé, la noblesse, les villes ;
Leur convocation bisannuelle...
Leur concours à la législation ;
L'initiative et la sanction au roi ;
L'organisation des États de province ;
L'administration libre des villes ;
La répartition égale des impôts ;

La formation d'une armée régulière ;

La fondation d'un système de crédit.

Tel est le devoir de la France et de l'Angleterre, le salut de l'Espagne et du Portugal, le sceau de la paix européenne.

Bientôt le clergé, institué en ordre et investi de puissance, se calme dans ses inquiétudes, s'attache aux destinées de l'État, se forme en fait de politique, se pénètre de patriotisme, se porte au devant de la nécessité.

La noblesse organisée de même, acquiert le sentiment de ses droits, aspire à s'élever à leur hauteur, prend un esprit d'émulation et un ton de dignité, sort enfin de l'état d'ignorance et d'apathie.

Les villes mises au rang des ordres de l'État et, contenues par le clergé et la noblesse, n'expriment que des vœux légitimes, ne travaillent qu'au bien général.

Et les Cortès ainsi revivifiées, sorte de parlement qui diffère fort des Chambres de France et d'Angleterre, exercent néanmoins les privilèges tutélaires dont celles-ci sont douées ; le privilège d'éclairer et régulariser l'action du gouvernement ; le privilège de rallier une grande majorité des peuples, de manière à prévenir ou à réprimer les tentatives de toute faction ; le privilège enfin, et quel est l'homme qui n'en sent l'impérieuse nécessité, non pas d'entraîner, mais de maintenir le monarque dans une ligne fixe de direction, non pas de lui intimer les ordres de l'opinion, mais de le préserver des conseils de l'intrigue.

Sans doute une telle transaction rencontrerait des résistances. Les partis sont acharnés. On se hait d'homme à homme, on se hait purement et simplement, et la haine est intraitable. Qu'on lui soumette un projet quelconque, sans considérer nullement sa teneur, chaque parti ne tiendra qu'à un amendement, la destruction du parti adverse.

Mais quatre années d'occupation ont instruit peut-être ; et cette fois, comme les périls s'accroissent, s'aggravent de jour en jour, comme des périls encore plus imminens proviennent des nouveaux évènemens de la Péninsule, il faudra, s'il est impossible de s'entendre à l'amiable, dicter, imposer, contraindre et soutenir par la force, les plans conçus par la sagesse ; cette fois, il faudra se résoudre à vouloir les moyens, pour peu qu'on persiste à vouloir les fins.

Or, ces fins, ces moyens, seront agréés et accueillis par l'Angleterre. L'Espagne et le Portugal, contrées adhérentes à la France et à l'Angleterre, parties intégrantes, pour ainsi dire, de l'une et de l'autre, membres si faibles de deux corps si puissans, présentent les seuls points vulnérables et irritables de leur existence politique. Et M. Canning le sent : il sent qu'une étincelle jetée en ces lieux lointains, peut incendier le monde civilisé. « Si la guerre sort, s'écrie-t-il, des limites étroites de la Péninsule, je crains que ce ne soit une guerre épouvantable (*tremendous*), une guerre non entre armées ennemies, mais entre opinions ennemies... Qu'est-ce qui a jamais entendu parler d'une guerre de deux grandes puissances, qui ait fini par l'obtention du simple objet, de l'objet identique, pour lequel elle avait été commencée ?... »

FIN.

A. PIHAN DELAFOREST,

Imprimeur de Monsieur le Dauphin et de la Cour de Cassation,

RUE DES NOYERS, N° 37.

www.ingramcontent.com/pod-product-compliance
Lightning Source LLC
LaVergne TN
LVHW010056060726
842524LV00006B/2233